La Dieta ~~~~~~~~

para principiantes

Descubra cómo perder peso con sabrosas

recetas. Una guía fácil y completa de sirtuinas,

genes delgados y mucho más!

Isabelina B. Mendoza

4

1 CONTENTS

Introducción

La base de la dieta sirtuina se puede explicar en términos simples o complejos. Sin embargo, es esencial comprender cómo y por qué funciona para apreciar el valor de lo que está haciendo. También es necesario saber por qué estos alimentos ricos en sirtuina te ayudan a mantener la fidelidad a tu plan de dieta. De lo contrario, puede incluir algo en su comida con menos nutrición que frustraría el propósito de planificar una rica dieta en sirtuinas. Lo más importante es que esta no es una moda dietética y, como verás, hay mucha sabiduría en la forma en que los seres humanos han utilizado los alimentos naturales, incluso con fines medicinales, durante miles de años.

Para comprender cómo funciona la dieta Sirtfood y por qué estos alimentos en particular son necesarios, veremos su papel en el cuerpo humano.

La actividad sirtuina se investigó por primera vez en la levadura, donde una mutación provocó una extensión en la vida útil de la levadura. También se demostró que las sirtuinas retrasan el envejecimiento en ratones de laboratorio, moscas de la fruta y nematodos. Como la investigación de Sirtuinas demostró transferirse a los mamíferos, se examinaron para determinar su uso en la dieta y la ralentización del proceso de envejecimiento. Las sirtuinas en los seres humanos son diferentes en la tipificación, pero esencialmente funcionan de la misma manera y por las mismas razones.

Hay siete "miembros" que componen la familia sirtuina. Se cree que las sirtuinas juegan un papel importante en la regulación de ciertas funciones de las células, incluida la proliferación (reproducción y crecimiento de células), apoptosis (muerte de células). Promueven la supervivencia y resisten el estrés para aumentar la longevidad.

También se observa que bloquean la neurodegeneración (pérdida de la función de las células nerviosas del cerebro). Llevan a cabo sus funciones de limpieza limpiando proteínas tóxicas y apoyando la capacidad del cerebro para cambiar y adaptarse a diferentes condiciones o recuperarse (es decir, plasticidad cerebral). Como parte de esto, también ayudan a reducir la inflamación crónica y a reducir algo llamado estrés oxidativo. El estrés oxidativo ocurre cuando hay demasiados radicales libres que dañan las células circulando en el cuerpo, y el cuerpo no puede ponerse al día combatiéndolos con antioxidantes. Estos factores están relacionados con las enfermedades relacionadas con la edad y el peso, lo que nuevamente nos lleva a cómo funcionan.

Verás etiquetas en Sirtuinas que comienzan con "SIR", que representan los genes del "Regulador de información del silencio". Ellos hacen precisamente eso, silenciar o regular, como parte de sus funciones. Las siete sirtuinas con las que trabajan los humanos son SIRT1, SIRT2, SIRT3, SIRT4, SIRT 5, SIRT6 y SIRT7. Cada uno de estos tipos es responsable de diferentes áreas de protección de las células. Funcionan estimulando o activando ciertas expresiones genéticas o reduciendo y desactivando otras expresiones genéticas. Básicamente significa que pueden influir en los genes para que hagan más o menos de algo, la mayoría de las cuales ya están programados para hacer.

A través de reacciones enzimáticas, cada uno de los tipos de SIRT afecta a diferentes células responsables de los procesos metabólicos que ayudan a mantener la vida. También está relacionado con qué órganos y funciones actuarán.

Por ejemplo, SIRT6 provoca la expresión de genes en humanos que afectan el músculo esquelético, el tejido graso, el cerebro y el corazón. SIRT 3 induciría una expresión de genes que afectan los riñones, el hígado, el cerebro y el corazón.

Si unimos estos conceptos, se puede ver que las proteínas Sirtuinas pueden cambiar la expresión de los genes, y en el caso de la Dieta Sirtfood, nos importa cómo las sirtuinas pueden desactivar esos genes que son responsables de acelerar el envejecimiento y el peso. administración.

El otro aspecto de esta conversación sobre las sirtuinas es la función y el poder de la restricción de calorías en el cuerpo humano. La restricción de calorías es simplemente comer menos calorías. Esto, junto con el ejercicio y la reducción del estrés, suele ser una combinación de pérdida de peso. La restricción de calorías también ha demostrado a través de muchas investigaciones en animales y humanos que aumenta la vida útil.

Podemos analizar más a fondo el papel de las sirtuinas con la restricción de calorías y el uso de la proteína SIRT3, que tiene un papel en el metabolismo y el envejecimiento. Entre todos los efectos de la proteína en la expresión génica (como evitar que las células mueran, reducir el crecimiento de tumores, etc.), queremos comprender el impacto de SIRT3 en el peso para este libro.

Como dijimos anteriormente, el SIRT3 tiene una alta expresión en esos tejidos metabólicamente activos y su capacidad para expresarse aumenta con la restricción calórica, el ayuno y el ejercicio. Por el contrario, se expresará menos cuando el cuerpo tenga una dieta rica en grasas y rica en calorías.

Los últimos aspectos destacados de las sirtuinas son su papel en la regulación de los telómeros y la reducción de la inflamación, lo que también ayuda a prevenir enfermedades y el envejecimiento.

Los telómeros son secuencias de proteínas en los extremos de los cromosomas. Cuando las células se dividen, se acortan. A medida que envejecemos, se acortan y otros factores estresantes del cuerpo también contribuirán a esto. Mantener estos telómeros más largos es la clave para un envejecimiento más lento. Además, una dieta adecuada, junto con el ejercicio y otras variables, pueden alargar los telómeros. SIRT6 es una de las Sirtuinas que, si se activa, puede ayudar con el daño del ADN, la inflamación y el estrés oxidativo. SIRT1 también ayuda con los ciclos de respuesta inflamatoria que están relacionados con muchas enfermedades relacionadas con la edad.

La restricción de calorías, como mencionamos anteriormente, puede extender la vida hasta cierto punto. Dado que esto y el ayuno son un factor estresante, estos factores estimularán las proteínas SIRT3 para que actúen y protejan al cuerpo de los factores estresantes y el exceso de radicales libres. Nuevamente, la longitud de los telómeros también se ve afectada.

En resumen, toda esta información también muestra que, contrariamente a las creencias de algunas personas, la genética, como "es lo que es" o "es mi destino porque el tío Joe tiene algo ..." a través de nuestras propias elecciones de estilo de vida. A partir de lo que estamos expuestos, podemos influir en la acción y los cambios en nuestros genes. Es un pensamiento muy enriquecedor, otra razón más por la que debería estar emocionado de tener una dieta basada en la ciencia, como la dieta Sirtfood, disponible para usted.

Habiendo expuesto todo esto ante usted, debería poder apreciar cómo y por qué estos compuestos milagrosos funcionan a su favor para mantenerlo joven, saludable y delgado. Si están trabajando duro para ti, ¿no sientes que tú también deberías hacer algo? Bueno, puede, y eso es lo que el resto de este libro hará por usted al proporcionarle todas las recetas de SIRT.

• Capítulo 1. Desayuno

• Jugo de Naranja y Col Rizada

Tiempo de Preparación: 10 minutos

Tiempo de Cocción: 0 minutos

Porciones: 2

Ingredientes:

- 5 naranjas grandes, peladas y cortadas
- 2 manojos de col rizada fresca

Direcciones:

1. Agregue todos los ingredientes en un exprimidor y extraiga. Vierta en 2 vasos y sirva inmediatamente.

Nutrición:

Calorías: 197

Carbohidratos: 49g

Grasa: 2g

Proteína: 0g

- **Delicia de Chocolate Tropical**

Tiempo de Preparación: 30 minutos

Tiempo de Cocción: 0 minutos

Porciones: 1

Ingredientes:

- 1 mango, pelado y deshuesado
- 85 g de piña fresca, picada
- 60 g de col rizada
- 30 g de Rúcula
- 1 cucharada de cacao en polvo 100% o semillas de cacao

- 5 fl. oz. (210 ml) de leche de coco

Direcciones:

1. Coloque todas las fijaciones en una licuadora y mezcle hasta que quede suave. Puede agregar un poco de agua si parece demasiado espesa.

Nutrición:

Calorías: 90

Carbohidratos: 3g

Grasa: 2g

Proteína: 16g

• Tónico de Nueces y Manzana Especiada

Tiempo de Preparación: 30 minutos

Tiempo de Cocción: 0 minutos

Porciones: 1

Ingredientes:

- 6 mitades de nueces
- 1 manzana, sin corazón
- 1 plátano
- ½ cucharadita de polvo de matcha
- ½ cucharadita de canela
- Una pizca de nuez moscada molida

Direcciones:

1. Ponga todas las fijaciones en una licuadora y agregue suficiente agua para cubrirlas. Blitz hasta que quede suave y cremoso.

Nutrición:

Calorías: 126

Carbohidratos: 15g

Grasa: 7g

Proteína: 2g

• Tostada Francesa Clásica

Tiempo de Preparación: 10 minutos

Tiempo de Cocción: 45 minutos

Porciones: 2

Ingredientes:

- 4 huevos enormes
- ½ taza de leche entera
- 1 cucharadita de concentrado de vainilla
- ½ cucharadita de canela molida dividida
- 8 cortes de pan brioche

Direcciones:

1. Si utiliza una plancha eléctrica, precaliente la sartén a 350°F. Carrera hasta muy consolidada.
2. Sumerja cada lado del pan en la mezcla de huevo. Suaviza un poco de margarina en la sartén caliente o en una sartén

grande a fuego medio. Sirva las tostadas francesas tibias con sirope de arce, azúcar en polvo y bayas, cuando lo desee.

Nutrición:

Calorías: 251

Carbohidratos: 37g

Grasa: 5g

Proteína: 13g

• Revuelto de Tofu Simple

Tiempo de Preparación: 10 minutos

Tiempo de Cocción: 30 minutos

Porciones: 4

Ingredientes:

Revuelto de Tofu:

- 454 g de tofu extra firme
- 4 tazas de col rizada, finamente picada
- ½ cebolla morada, en rodajas finas
- 1 pimiento rojo, en rodajas finas
- Aceite de oliva virgen extra

Salsa:

- 1 cucharadita de ajo en polvo
- 1 cucharadita de comino en polvo
- ½ cucharadita de chile en polvo
- 1 cucharadita de sal marina
- ½ cucharadita de cúrcuma (opcional)

Direcciones:

1. Asegúrese de que el tofu esté escurrido. Puede hacer esto usando una toalla absorbente con una sartén encima. Haga esto durante unos 10-15 minutos.

2. En un tazón pequeño, prepare la salsa agregando todas las especias secas y luego agregue suficiente agua para que se convierta en una salsa vertible. Dejar de lado.

3. A fuego medio, use una sartén grande y agregue aproximadamente 2 cucharadas de aceite de oliva extra virgen una vez que la sartén esté caliente. Agregue el pimiento rojo y la cebolla, luego sazone con sal y pimienta. Revuelva y cocine durante unos 3-5 minutos.

4. Agregue la col rizada y sazone al gusto con sal y pimienta. Cúbralo por otros 2 minutos. Desenvuelva el tofu y luego desmenúcelo en trozos pequeños con un tenedor o una cuchara.

5. Mueva las verduras a un lado de la sartén, luego agregue el tofu en el lugar despejado. Saltee durante unos 2-3 minutos, luego vierta la salsa sobre el tofu.

6. Revuelva y cocine hasta que el tofu esté ligeramente dorado. Servir y disfrutar. También puede agregar más alimentos ricos en sirtuina al lado.

Nutrición:

Calorías: 220

Carbohidratos: 15g

Grasa: 8g

Proteína: 25g

• Ensalada de Fresa, Rúcula (Arúgula) y Feta

Tiempo de Preparación: 5 minutos

Tiempo de Cocción: 50 minutos

Porciones: 4

Ingredientes:

- 75 g de hojas de rúcula

- 85 g de queso feta, desmenuzado

- 100 g de fresas a la mitad

- 8 mitades de nueces

- 2 cucharadas de semillas de lino

Direcciones:

1. Mezclar todo el fijador en un bol, luego esparcirlo en dos platos. Para un impulso extra de Sirtfood, puede rociar un poco de aceite de oliva.

Nutrición:

Calorías: 118

Carbohidratos: 7g

Grasa: 9g

Proteína: 4g

• Pesto de Calabacín con Champiñones y Alcaparras de Limón

Tiempo de Preparación: 5 minutos

Tiempo de Cocción: 25 minutos

Porciones: 4

Ingredientes:

- 4 calabacines (calabacines)
- 10 hongos ostra, en rodajas
- 1 cebolla morada, en rodajas
- 2 cucharadas de aceite de oliva
- 2 cucharadas de pesto de alcaparras y limón
- 50 g de hojas de rúcula

Direcciones:

1. Haga espaguetis con los calabacines en espiral. Si no tiene un espiralizador, corte finamente las verduras a lo largo en tiras largas de espagueti.
2. Calentar el aceite de oliva en una sartén, añadir los champiñones y la cebolla y cocinar durante 15 minutos. Agrega los calabacines y el pesto y cocina por 5 minutos. Esparcir las hojas de rúcula en platos y servir los calabacines encima. Atender.

Nutrición:

Calorías: 245

Carbohidratos: 0g

Grasa: 17g

Proteína: 0g

• Huevos Revueltos con Champiñones

Tiempo de Preparación: 10 minutos

Tiempo de Cocción: 20 minutos

Porciones: 1

Ingredientes:

- 1 cucharadita de ajo molido
- 1 cucharadita de curry suave en polvo
- 20 g de lechuga, aproximadamente en rodajas
- 1 cucharadita de aceite de oliva virgen extra
- ½ ojo de pájaro pelado, finamente picado
- Un par de champiñones, finamente picados
- 5 g de perejil, finamente picado
- Opcional: inserte una mezcla de semillas para decorar y un poco de salsa de gallo para darle sabor.

Direcciones:

1. Mezcle el curry y el ajo en polvo y luego agregue un poco de agua hasta obtener una cola ligera. Cocine la lechuga al vapor durante 2-3 minutos.
2. Calentar el aceite en una sartén a fuego moderado y freír el chile y los champiñones durante 2-3 minutos hasta que comiencen a ablandarse y dorarse.
3. Inserte los huevos y la pasta de especias, cocine a fuego moderado, agregue la zanahoria y luego cocine a fuego medio por un minuto más. Al final, echamos el perejil, mezclamos bien y servimos.

Nutrición:

Calorías: 102

Carbohidratos: 5g

Grasa: 5g

Proteína: 11g

- ## Batido Blue Hawaii

Tiempo de Preparación: 10 minutos

Tiempo de Cocción: 20 minutos

Porciones: 1

Ingredientes:

- 2 cucharadas de ring s aproximadamente 4-5 bollos
- ½ taza de tomates congelados
- 2 cucharadas de semillas de lino molidas
- ⅛ taza de coco tierno (orgánico sin endulzar)
- Pocas nueces
- ½ taza de yogur sin grasa
- 5-6 cubitos de hielo
- Salpicadura de agua

Direcciones:

1. Mezcle todos los ingredientes y combine hasta que quede suave. Es posible que deba agitarlo o agregar más agua a la mezcla. Sirva.

Nutrición:

Calorías: 221

Carbohidratos: 43g

Grasa: 3g

Proteína: 5g

• Huevos con Especias Marroquíes

Tiempo de Preparación: 1 hora

Tiempo de Cocción: 50 minutos

Porciones: 2

Ingredientes:

- 1 cucharadita de aceite de oliva
- 1 chalota, pelada y finamente cortada
- 1 pimiento rojo (carillón), sin semillas y finamente picado
- 1 diente de ajo, pelado y picado finamente
- 1 calabacín (calabacín), pelado y cortado finamente
- 1 cucharada de puré de tomate (pegamento)
- ½ cucharadita de polvo de estofado suave
- ¼ de cucharadita de canela molida
- ¼ de cucharadita de comino molido
- ½ cucharadita de sal
- 1 lata de 400 g (14 oz.) de tomates cortados
- 1 x 400 g (14 oz.) de garbanzos en agua
- un manojo de perejil de hoja rasa (10 g (1/3 oz.)), cortado
- 4 huevos medianos a temperatura ambiente

Direcciones:

1. Calentar el aceite en una sartén, incluir la chalota y el pimiento rojo (ringer) y sofreír delicadamente durante 5 minutos. En ese punto, ponemos el ajo y el calabacín

(calabacín) y cocinamos por un momento o dos más. Incluya el puré de tomate (pegamento), los sabores y la sal y mezcle.

2. Agregue los tomates y los garbanzos cortados y aumente el calor a medio. Encima del plato, guisar la salsa durante 30 minutos.

3. Retirar del fuego y mezclar con el perejil picado. Precalienta la parrilla a 350°F. Cuando esté preparado para cocinar los huevos, lleve la salsa de tomate a un guiso delicado y pase a un pequeño plato de confirmación para asar.

4. Casque los huevos en el plato y bájelos con delicadeza en el guiso. Untar con tripa y preparar a la parrilla durante 10-15 minutos. Sirva la mezcla en platos únicos con los huevos encima.

Nutrición:

Calorías: 417

Carbohidratos: 38g

Grasa: 24g

Proteína: 18g

• Chilaquiles con Gochujang

Tiempo de Preparación: 30 minutos

Tiempo de Cocción: 20 minutos

Porciones: 2

Ingredientes:

- 1 chili ancho seco
- 2 tazas de agua
- 1 taza de tomates aplastados
- 2 dientes de ajo
- 1 cucharadita de sal genuina
- ½ cucharada de gochujang
- 5 a 6 tazas de totopos
- 3 huevos enormes
- 1 cucharada de aceite de oliva

Direcciones:

1. Consiga el agua para calentar una olla. Agregue el chile ancla al agua burbujeada y remoje durante 15 minutos para darle la oportunidad de endurecerse.
2. Cuando esté terminado, use pinzas o una cuchara para sacar el chili. Asegúrese de reservar el agua para la salsa.
3. Mezcle el chile rociado, 1 taza de agua de alta temperatura guardada, tomates aplastados, ajo, sal y gochujang hasta que quede suave.
4. Vacíe la salsa en un plato grande y caliéntela a fuego medio durante 4 a 5 minutos. El humor mata el calor e incluye los

chips de tortilla. Mezcle las patatas fritas para cubrirlas con la salsa.

5. En una sartén diferente, rociar una cucharadita de aceite y freír un huevo por encima hasta que las claras se hayan asentado. Coloque el huevo en un plato y cocine el resto de los huevos.

6. Cubra las papas fritas con los huevos chamuscados, la cotija, el cilantro picado, los jalapeños, las cebollas y el aguacate. Sirva de inmediato.

Nutrición:

Calorías: 443

Carbohidratos: 32g

Grasa: 32g

Proteína: 10g

• Papas para el Desayuno dos Veces Horneadas

Tiempo de Preparación: 1 hora y 10 minutos

Tiempo de Cocción: 1 hora

Porciones: 2

Ingredientes:

- 2 papas medianas de color marrón rojizo, limpiadas y pinchadas con un tenedor en todas partes
- 2 cucharadas de crema para untar sin sal
- 3 cucharadas de crema abrumadora
- 4 lonchas de tocino cocido
- 4 huevos enormes
- ½ taza de queso cheddar destruido
- Cebollino cortado con delicadeza
- Sal y pimienta para probar

Direcciones:

1. Precaliente la parrilla a 400°F. Coloque las papas directamente en la rejilla de la estufa en el punto focal de la parrilla y prepárelas durante 30 a 45 minutos.
2. Evacuar y permitir que las patatas se enfríen durante unos 15 minutos. Corte cada papa por la mitad a lo largo y excave cada mitad, colocando la sustancia de la papa en un tazón para licuar.
3. Reúna la margarina y la crema a la papa y machaque en una sola unidad hasta que quede suave - sazone con sal y pimienta y mezcle.

4. Unte una porción de la mezcla de papa en cada base de piel de papa vacía y espolvoree con una cucharada de queso cheddar.

5. Agregue una loncha de tocino a cada mitad y cubra con un huevo crudo. Coloque las patatas en una placa calefactora y vuelva a colocarlas en el aparato.

6. Baje la temperatura del asador a 375°F y caliente las papas hasta que las claras de huevo simplemente cuajen y las yemas estén todavía líquidas.

7. Cubra cada papa con una pizca del resto del queso cheddar, sazone con sal y pimienta y termine con cebollino cortado.

Nutrición:

Calorías: 175

Carbohidratos: 32g

Grasa: 1g

Proteína: 10g

- **Sirt Muesli**

Tiempo de Preparación: 15 minutos

Tiempo de Cocción: 0 minutos

Porciones: 1

Ingredientes:

- Un cuarto de taza de hojuelas de trigo sarraceno
- 2/3 taza de bocanadas de trigo sarraceno
- 3 cucharadas de hojuelas de coco
- 1 cuarto de taza de dátiles Medjool
- ⅛ taza de nueces picadas
- 1½ cucharadas de semillas de cacao
- 2/3 taza de fresas picadas
- 3/8 taza de yogur griego natural

Direcciones:

1. Simplemente mezcle todos los ingredientes en un recipiente limpio y disfrute de la gran bondad de este manjar. Sin embargo, solo agregue fresas y yogur cuando esté listo para comer.

Nutrición:

Calorías: 368

Carbohidratos: 54g

Grasa: 16g

Proteína: 26g

- ## Tortilla de Sirtfood

Tiempo de Preparación: 15 minutos

Tiempo de Cocción: 10 minutos

Porciones: 2

Ingredientes:

- 3 huevos de tamaño mediano
- 40 g de escarola roja en rodajas
- 2 cucharadas de perejil picado
- 1 cucharadita de cúrcuma
- 1 cucharadita de aceite de oliva virgen extra

Direcciones:

1. Limpia la sartén y luego vierte un poco de aceite, suficiente para cocinar los tres huevos. Batir bien los huevos y agregar la cúrcuma, el perejil y la endibia.

2. Vierta el aceite en su sartén y caliente a fuego medio. Vierta la mezcla de huevo en el aceite caliente y mueva la mezcla con una espátula.

3. Mueva la mezcla alrededor de la sartén. Ajuste el fuego a bajo, luego deje que la tortilla se endurezca y se nivele en los bordes. Dobla tu tortilla por la mitad, enrolla y sirve caliente.

Nutrición:

Calorías: 210

Carbohidratos: 1g

Grasa: 5g

Proteína: 6g

• Yogur, Bayas, Nueces y Chocolate Amargo

Tiempo de Preparación: 15 minutos

Tiempo de Cocción: 0 minutos

Porciones: 2

Ingredientes:

- 25 g de bayas mixtas
- 2/3 taza de yogur griego natural
- ¼ de taza de nueces
- 10 g de chocolate negro (85% de cacao puro)

Direcciones:

1. Consiga un tazón limpio y agregue sus bayas. Vierta el yogur griego natural sobre las bayas. Agregue sus nueces y chocolate amargo, y la comida está lista.

Nutrición:

Calorías: 180

Carbohidratos: 12g

Grasa: 14g

Proteína: 3g

- # Tofu Glaseado con Miso y Sésamo con Salsa de Jengibre y Chili

Tiempo de Preparación: 15 minutos

Tiempo de Cocción: 35 minutos

Porciones: 3

Ingredientes:

- 1 cucharada de mirin
- 20 g de pasta de miso
- 150 g de tofu
- 40 g de apio
- 40 g de cebolla morada
- 120 g de calabacín
- 1 pieza de chile tailandés
- 2 dientes de ajo
- 1 cucharadita de jengibre fresco (finamente picado)
- 50 g de col rizada
- 2 cucharaditas de semillas de sésamo

- 35 g de trigo sarraceno
- 1 cucharadita de cúrcuma molida
- 2 cucharaditas de aceite de oliva virgen extra
- 1 cucharadita de salsa tamari

Direcciones:

1. Caliente su horno a 400°F. Consigue una bandeja para hornear pequeña y cúbrela con papel pergamino. Combina el mirin y el miso. Corta el tofu a lo largo y luego haz que cada pieza tenga una forma triangular.
2. Extienda la mezcla de miso sobre el tofu y deje que el tofu se empape en la mezcla. Corta el apio, la cebolla morada y el calabacín, luego corta el chili, el ajo y el jengibre.
3. Deje que la col rizada se cocine en una olla de vapor durante 5 minutos suavemente, luego transfiera el tofu a la bandeja para hornear y extienda las semillas de sésamo sobre ella. Deje que la mezcla se ase en el horno durante 20 minutos.
4. Enjuague su trigo sarraceno y luego tamice. Ponga a hervir una cacerola llena de agua y agregue la cúrcuma. Cuece los fideos de trigo sarraceno y cuela.
5. Deje que el aceite se caliente en una sartén y luego agregue el apio, la cebolla, el calabacín, el chile, el ajo y el jengibre. Deje que toda la mezcla se fría a fuego alto durante 2 minutos. Reduzca el fuego a medio durante 4 minutos hasta que las verduras estén cocidas.
6. Agregue una cucharada de agua si las verduras se pegan a la sartén. Unte la col rizada y el tamari y deje que la mezcla se cocine por un minuto más. Sirve el tofu cocido con las verduras y el trigo sarraceno.

Nutrición:

Calorías: 165

Carbohidratos: 15g

Grasa: 8g

Proteína: 10g

• Panqueques de trigo sarraceno, champiñones, cebollas rojas y ensalada de col rizada

Tiempo de Preparación: 15 minutos

Tiempo de Cocción: 10 minutos

Porciones: 4

Ingredientes:

- 1 panqueque de trigo sarraceno
- 50 g de champiñones
- 15 g de pollo
- 200 g de col rizada
- 20 g de cebollas rojas
- Aceite de oliva virgen extra

Direcciones:

1. Limpie y corte los champiñones. Limpie y corte la col rizada en tiras finas y las cebollas rojas en aros. Combine la col verde y la cebolla en un tazón, sazone con un chorrito de aceite de oliva y posiblemente un poco de limón.

2. Cortar el pollo en trozos. En una sartén, coloque un chorrito de aceite de oliva y agregue las piezas de pollo. Agrega los champiñones y dóralos. Coloque todo en el panqueque de trigo sarraceno y cierre el panqueque.

3. En un plato, coloque la ensalada de col verde o cebolla roja, luego coloque el panqueque de trigo sarraceno caliente al lado. ¡Disfrute de su comida!

Nutrición:

Calorías: 320

Carbohidratos: 29g

Grasa: 2g

Proteína: 7g

• Pan Naan Con Tofu Horneado y Coliflor

Tiempo de Preparación: 15 minutos

Tiempo de Cocción: 60 minutos

Porciones: 2

Ingredientes:

- 50 g de tofu firme y natural
- 50 g de coliflor
- ½ diente de ajo
- ½ cebolla pequeña
- 50 ml de agua
- 50 ml de leche de coco
- ½ cucharada de puré de tomate
- ½ cucharadita de caldo indio en polvo
- ½ cucharada de aceite de coco
- ½ cucharadita de curry en polvo
- ½ cucharadita de comino
- ½ cucharada de fécula de papa

Pan Naan:

- 75 g de harina de trigo
- 1 yogur natural
- 2 pizcas de azúcar
- 5 g de levadura de panadería u 8 g de levadura deshidratada
- 5 g de sal

- 2 cucharadas de aceite de oliva virgen extra
- 50 ml. agua tibia
- 1 cucharadita de semillas de alcaravea

Direcciones:

1. Pelar y picar el ajo y la cebolla. En una cazuela, sofreír todo en aceite de coco con curry y comino hasta que tenga un color claro.

2. Agregue la leche de coco, el puré de tomate, 50 ml de agua y el caldo indio. Mezclar bien, luego llevar a fuego lento delicado. Agrega los trozos de tofu y la coliflor.

3. Cocine suavemente sin la tapa durante unos 20 minutos hasta que la coliflor esté ligeramente tierna. Diluir el almidón con un poco de jugo de cocción, luego verter nuevamente en la cazuela y continuar cocinando durante 5 minutos. Sirva con arroz basmati y pan naan.

4. Para el pan naan, ponga la harina en su procesador de alimentos. Agregue la levadura desmenuzada, el aceite de oliva, el azúcar, el yogur, las semillas de alcaravea y mezcle bien.

5. Continúe agregando el agua y continúe mezclando con el batidor hasta que la masa esté suave y se desprenda de los lados del tazón.

6. Ahora coloque la bola de masa en un tazón pequeño, luego cubra y deje reposar durante 30 minutos. Caliente una sartén vacía y cocine el pan naan por cada lado durante cuatro minutos para eliminar la humedad. Disfrute de su delicioso manjar.

Nutrición:

Calorías: 130

Carbohidratos: 22g

Grasa: 4g

Proteína: 4g

- ## Gachas de Dátiles y Fresas con Nueces

Tiempo de Preparación: 15 minutos

Tiempo de Cocción: 10 minutos

Porciones: 2

Ingredientes:

- 2 dátiles Medjool, picados
- 200 ml de leche
- 35 g de copos de trigo sarraceno
- Nuez - 4 mitades picadas
- 50 g de fresas sin cáscara

Direcciones:

1. Vierta la leche en una olla y agregue los dátiles picados. Remueve bien y deja que la leche se caliente a fuego medio.

Agregue las hojuelas de trigo sarraceno, luego revuelva para combinar.

2. Cocine las hojuelas revolviendo ocasionalmente hasta obtener la consistencia que prefiera. Agregue las nueces y revuelva para combinar. Cubra con cerezas cuando se sirva y disfrute de su desayuno Sirtfood.

Nutrición:

Calorías: 137

Grasa: 2.5g

Carbohidratos: 27g

Proteína: 3g

- **Tazón de Arándanos con Chía y Almendras**

Tiempo de Preparación: 15 minutos

Tiempo de Cocción: 0 minutos

Porciones: 3

Ingredientes:

- ⅛ taza de arándanos
- 2 dátiles Medjool
- 3/8 taza de leche de coco
- ½ cucharada de mantequilla de almendras
- ⅛ taza de granos de trigo sarraceno - crudos
- ¼ de cucharadita de cardamomo en polvo
- ½ cucharada de semillas de cacao
- Una pizca de sal

- ½ cucharada de almendras
- ⅛ taza de semillas de chía

Direcciones:

1. Combine la leche de coco con los dátiles, el cardamomo, la sal y la mantequilla de almendras y coloque los ingredientes combinados en una licuadora. Licúa hasta que la mezcla esté suave.
2. Combine las semillas de chía y los granos de trigo sarraceno en un tazón, luego agregue la mezcla mezclada al tazón y revuelva para combinar.
3. Tape el bol y déjelo reposar en el frigorífico durante al menos 15 minutos. Cubra la delicia del tazón con almendras, semillas de cacao y arándanos.

Nutrición:

Calorías: 243

Grasa: 16g

Carbohidratos: 25g

Proteína: 12g

• Gachas De Alforfón Con Chocolate

Tiempo de Preparación: 15 minutos

Tiempo de Cocción: 15 minutos

Porciones: 2

Ingredientes:

- ½ taza de granos de trigo sarraceno: crudos, remojados durante la noche, enjuagados y escurridos.
- ¾ taza de leche: a base de plantas funcionaría mejor en el espíritu de la dieta
- ¼ de taza de leche - para cubrir
- 1 cucharada de cacao en polvo
- 5 fresas - trituradas
- 1 cucharada de nueces pecanas
- ¼ de taza de arándanos
- 1 cucharada de hojuelas de coco

Direcciones:

1. Agregue ¾ de leche a la cacerola junto con puré de fresas, cacao en polvo y granos de trigo sarraceno.
2. Cocine a fuego lento, medio durante 12 a 15 minutos mientras revuelve con frecuencia hasta que el trigo sarraceno esté cocido de acuerdo con sus preferencias personales.

3. Agregue más leche, si es necesario, durante la cocción de la taza de leche reservada para cubrir. Cubra con nueces pecanas, más leche, arándanos y hojuelas de coco.

Nutrición:

Calorías: 167

Grasa: 1g

Carbohidratos: 33g

Proteína: 5.5g

• Tazón de Desayuno de Champiñones y Alforfón

Tiempo de Preparación: 15 minutos

Tiempo de Cocción: 15 minutos

Porciones: 4

Ingredientes:

- 2 cucharadas de mantequilla
- 2 tazas de granos de trigo sarraceno, tostados
- 8 champiñones castaños
- 1 cebolla - mediana, picada
- 3 ramitas de perejil - hoja plana
- Una pizca de sal
- 1 cucharadita de orégano
- 1 huevo duro por porción

Direcciones:

1. Ponga el trigo sarraceno en una olla y agregue el agua y la sal. Cocine hasta que el agua se evapore y el trigo sarraceno esté suave. Retirar del fuego y tapar la olla.
2. Deje reposar el trigo sarraceno durante 15 minutos más. Mientras tanto, calentar una sartén y agregar la mantequilla. Una vez que la mantequilla se derrita, agregue los champiñones en rodajas y las cebollas picadas y caramelice mientras revuelve ocasionalmente.
3. Añada el perejil picado una vez que los champiñones estén dorados y saltee durante 5 minutos. Agregue el trigo

sarraceno y revuelva para combinar con el resto de los ingredientes.

4. Por último, agregue el orégano mientras cocina por dos minutos más. Cubra con un huevo cocido y sirva mientras esté caliente.

Nutrición:

Calorías: 204

Grasa: 3g

Carbohidratos: 34g

Proteína: 8g

• Ensalada de Quinua de primavera

Tiempo de Preparación: 15 minutos

Tiempo de Cocción: 20 minutos

Porciones: 2

Ingredientes:

- 1 pepino, pelado y en rodajas
- 1 tomate, picado en trozos grandes
- 1 aguacate, pelado y picado
- 1 taza de quinua cruda
- 2 tazas de agua
- ¼ de cebolla morada grande, picada
- 5 g de perejil picado
- 1 cucharada de aceite de oliva extra virgen
- 1 huevo grande - cocido
- Sal al gusto

Direcciones:

1. Tome una cacerola pequeña y vierta dos tazas de agua junto con una taza de quinua. Hierva la quinua y el agua, luego cubra la cacerola y ajuste el fuego a medio bajo.
2. Cocine durante 20 minutos o hasta que se reduzca el agua. Deje enfriar la quinua por un tiempo mientras corta y corta las verduras y el perejil.

3. Agregue las verduras y el perejil a la quinua, luego agregue una cucharada de aceite de oliva. Revuelva bien para combinar, luego cubra con huevo cocido en rodajas.

Nutrición:

Calorías: 407

Grasa: 7g

Carbohidratos: 35g

Proteína: 9g

• Panqueques de manzana y grosella negra

Tiempo de Preparación: 15 minutos

Tiempo de Cocción: 20 minutos

Porciones: 4

Ingredientes:

- 125 g de harina - natural
- 1 cucharadita de polvo de hornear
- 2 cucharadas de azúcar en polvo
- ½ cucharadita de sal
- 2 manzanas, peladas y cortadas en trozos pequeños
- 300 ml de leche - semidesnatada
- 75 g de avena
- 2 claras de huevo
- 2 cucharaditas de aceite de oliva ligero

Salsa:

- 120 g de grosellas negras
- 2 cucharadas de azúcar en polvo
- 3 cucharadas de agua

Direcciones:

1. Prepare los ingredientes para la salsa para panqueques. Coloca las grosellas negras y el azúcar en una cacerola pequeña. Vierta agua en la sartén y cocine la salsa durante 10 o 15 minutos después de llevarla a fuego lento.

2. Mientras se cocina la salsa, tome un tazón grande y coloque todos los ingredientes secos azúcar, avena, polvo de hornear y sal. Mezcle para combinar, luego agregue las manzanas y comience a agregar leche, poco a poco, mientras bate la mezcla.

3. Mezcle las claras de huevo en un recipiente aparte, luego agregue las claras batidas a la mezcla de panqueques. Caliente una sartén para panqueques y agregue ½ cucharada de aceite.

4. Vierta una cuarta parte de la masa, una a la vez, horneando los panqueques hasta que estén dorados por ambos lados. Repite el proceso hasta hacer cuatro panqueques. Sirve con la salsa encima.

Nutrición:

Calorías: 337

Grasa: 7g

Carbohidratos: 20g

Proteína: 4g

• Desayuno Shakshuka

Tiempo de Preparación: 15 minutos

Tiempo de Cocción: 20 minutos

Porciones: 3

Ingredientes:

- 1 cucharada de aceite de oliva extra virgen
- 40 g de cebolla morada picada
- 1 diente de ajo picado
- 30 g de apio picado
- 1 chile ojo de pájaro, en rodajas
- 400 g de tomates - enlatados, picados
- 1 cucharada de perejil picado
- 30 g de col rizada, picada
- 1 cucharadita de comino molido
- 1 cucharadita de cúrcuma molida
- 1 cucharadita de pimentón molido
- 2 huevos

Direcciones:

1. Caliente una sartén pequeña y profunda a fuego medio-bajo. Agregue el aceite de oliva, luego agregue ajo, cebolla, chile, apio y especias. Cocine por 2 minutos o hasta que se ablande un poco.

2. Agregue los tomates a la mezcla y revuelva bien para combinar los ingredientes. Cocine a fuego lento la salsa

mientras revuelve ocasionalmente para que la salsa no se queme. Agregue la col rizada y cocine por 5 minutos más.

3. En caso de que la salsa parezca demasiado espesa, agregue un poco de agua para reducirla. Una vez que la salsa alcance la consistencia adecuada, agregue el perejil y revuelva bien.

4. Reduzca el fuego a bajo, luego haga dos agujeros en la salsa. Rompa los huevos, uno en cada orificio de salsa, luego cubra la sartén con la tapa y cocine de 10 a 12 minutos. Sirva caliente y, idealmente, cómelo directamente de la sartén.

Nutrición:

Calorías: 309

Grasa: 34g

Carbohidratos: 22g

Proteína: 23g

• Panqueques de Alforfón con Salsa de Chocolate Amargo

Tiempo de Preparación: 15 minutos

Tiempo de Cocción: 15 minutos

Porciones: 6

Ingredientes:

- 350 ml de leche
- 150 g de harina de trigo sarraceno
- 1 cucharada de aceite de oliva extra virgen
- 1 huevo

Salsa:

- 1 cucharada de crema doble
- 85 ml de leche
- 100 g de chocolate negro - 85% de cacao

Aderezos:

- 400 g de fresas
- 100 g de nueces

Direcciones:

1. Coloque todos los ingredientes para hacer panqueques en una licuadora excepto el aceite. Licúa la harina de trigo sarraceno, la leche y el huevo hasta que la masa esté suave.

2. Deje la mezcla a un lado y comience a hacer la salsa de chocolate. Ponga a hervir una olla de agua, luego coloque un recipiente resistente al calor en la parte superior de la olla.

3. Agregue chocolate al tazón y use una espátula para revolver mientras derrite el chocolate.

4. Agregue crema doble y aceite de oliva al chocolate derretido y mezcle bien para combinar. Calentar una sartén hasta que empiece a humear, luego agregar el aceite.

5. En caso de que la sartén esté lo suficientemente caliente, solo tomará 1 minuto para cada lado para hacer el panqueque. Ponga un poco de masa en la sartén y fría por ambos lados.

6. Una vez que ambos lados estén listos, agregue algunas fresas en la parte superior y enrolle el panqueque. Sirve con salsa de chocolate amargo.

Nutrición:

Calorías: 143

Grasa: 8g

Carbohidratos: 15g

Proteína: 4g

• Panqueques de Avena con Plátano y Arándanos

Tiempo de Preparación: 15 minutos

Tiempo de Cocción: 5 minutos

Porciones: 6

Ingredientes:

- 6 plátanos
- 6 huevos
- 150 g de avena - arrollada
- 2 cucharaditas de polvo de hornear
- ¼ de cucharadita de sal
- 25 g de arándanos
- 1-2 cucharadas de aceite de coco

Direcciones:

1. Pulse los copos de avena durante aproximadamente 1 minuto o hasta que la avena se convierta en harina. Agregue los plátanos, el polvo de hornear, la sal, los huevos y el pulso durante 2 minutos o hasta que la masa esté suave.

2. Agregue los arándanos y deje reposar la mezcla durante unos 10 minutos para que se active el polvo de hornear. Calentar una sartén y añadir un poco de aceite.

3. Una vez que el aceite esté caliente, agregue un poco de mezcla para panqueques para formar un panqueque. Freír a fuego medio-alto. Freír por ambos lados hasta que se doren. Disfruta tu desayuno.

Nutrición:

Calorías: 187

Grasa: 3g

Carbohidratos: 33g

Proteína: 6g

• Panqueques de Cúrcuma con Yogur de Limón

Tiempo de Preparación: 15 minutos

Tiempo de Cocción: 6 minutos

Porciones: 8

Ingredientes:

- 2 cucharaditas de cúrcuma molida
- 1½ cucharadita de comino molido
- 1 cucharadita de sal
- 1 cucharadita de cilantro molido
- ½ cucharadita de ajo en polvo
- ½ cucharadita de pimienta negra recién molida
- 1 cabeza de brócoli - floretes, cortados
- 2 cucharadas de leche de almendras natural sin azúcar
- 1 taza de harina de almendras
- 3 huevos
- 2 cucharadas de aceite de coco

Salsa:

- 1 taza de yogur - griego, natural
- 1 diente de ajo, picado
- 2 cucharadas de jugo de limón
- ½ cucharadita de cúrcuma molida
- 10 hojas de menta fresca
- 2 cucharaditas de ralladura de limón

Direcciones:

1. Primero, preparará la salsa de yogur como desea que se enfríe adecuadamente antes de servir. Mezclar todo el fijador de la lista para la salsa en un bol. Mezclar para combinar y colocar la salsa en el refrigerador.

2. Prepárate para hacer la masa para panqueques. Agregue el cilantro, el ajo, la cúrcuma, la sal, el comino y la pimienta en un recipiente aparte. Corta la cabeza de brócoli y coloca los floretes en el procesador de alimentos. Pulsa hasta obtener una textura granulada del brócoli. Coloque los floretes de brócoli en el tazón con las especias y las hierbas y mezcle bien. Agregue la leche de almendras y la harina a la mezcla.

3. Batir ligeramente los 3 huevos, luego transferir los huevos al bol con los ingredientes. Revuelva para combinar todos los ingredientes.

4. Caliente una sartén a fuego medio-bajo y agregue aceite de coco. Una vez que el aceite esté caliente, vierte una cuarta parte de la masa en la sartén. Freír de 2 a 3 minutos por cada lado hasta que los panqueques se doren.

5. Repita el proceso tres veces más hasta que se acabe la masa. ¡Sirve con salsa de yogur fría y disfrute!

Nutrición:

Calorías: 124

Grasa: 3.5g

Carbohidratos: 10g

Proteína: 1.7g

• Panqueques de Alforfón con Piña

Tiempo de Preparación: 15 minutos

Tiempo de Cocción: 6 minutos

Porciones: 4

Ingredientes:

- ¼ de taza de harina de almendras
- 1 taza de harina de trigo sarraceno
- 2 cucharadas de semillas de cáñamo
- 1 cucharadita de polvo de hornear
- ¼ de cucharadita de sal
- ½ cucharadita de pimienta gorda
- 150 g de requesón
- 1 cucharadita de extracto de vainilla
- 2 cucharadas de sirope de arce
- 1 huevo
- 1 taza de leche de almendras, sin azúcar
- 1 piña pequeña, cortada en aros, pelada y sin corazón
- 2 cucharadas de aceite de coco

Direcciones:

1. Combine todos los ingredientes secos de la lista y mezcle bien en un tazón para mezclar. Asegúrate de no dejar fuera las semillas de cáñamo.

2. Agregue vainilla, requesón, Sirope de arce y un huevo. Comience a agregar leche poco a poco mientras bate la mezcla. Batir hasta obtener una masa homogénea.

3. Ponga la estufa a fuego medio y caliente la sartén para panqueques o la plancha. Agregue una o dos cucharadas de aceite de coco y una vez que el aceite esté caliente, agregue una rodaja de piña.

4. Vierta un poco de masa para panqueques sobre el anillo de piña — Hornee por 3 minutos por cada lado. Repite el proceso con el resto de la masa. ¡Servir y disfrutar!

Nutrición:

Calorías: 316

Grasa: 13g

Carbohidratos: 42g

Proteína: 12g

• Tortilla de claras de huevo y pimientos

Tiempo de Preparación: 15 minutos

Tiempo de Cocción: 10 minutos

Porciones: 1

Ingredientes:

- 4 claras de huevo
- 1 taza de pimiento rojo, cortado en cubitos
- 1 taza de pimiento amarillo, cortado en cubitos
- ⅛ taza de cebolla morada, cortada en cubitos
- Sal al gusto
- ½ chile ojo de pájaro - en rodajas
- ½ cucharada de aceite de oliva extra virgen

Direcciones:

1. Calentar una sartén y agregar el aceite. Batir las claras de huevo y desechar las yemas, batir hasta que quede suave, luego agregar un poco de sal.
2. Combine con los pimientos y las cebollas, luego bata hasta que estén bien combinados. Vierta la mezcla en la sartén y cocine a fuego medio.
3. Asegúrese de que los huevos estén reposados y cocidos antes de doblar la tortilla con una espátula para hacer un rollo. Sirva.

Nutrición:

Calorías: 223

Grasa: 10g

Carbohidratos: 16g

Proteína: 17g

• Manzanas al horno

Tiempo de Preparación: 15 minutos

Tiempo de Cocción: 40 minutos

Porciones: 1

Ingredientes:

- 1 manzana grande
- 1 cucharada de mezcla de azúcar morena
- ¼ de cucharadita de canela
- 1 dátil Medjool, picado
- ½ cucharada de nueces picadas
- ¼ de cucharada de mantequilla de aceite de oliva
- ½ taza de agua

Direcciones:

1. Caliente el horno a 350°F. Retire el núcleo hasta el fondo pero deje el fondo. Prepara una fuente para horno pequeña y cúbrela con papel pergamino.
2. Quite las semillas y use una cuchara para deshacerse del exceso de interior. Tome un tazón pequeño y combine el azúcar con canela, nueces y dátiles. Cubra con mantequilla.
3. Coloque una taza de agua en la fuente para hornear con la manzana. Hornee durante 30 a 40 minutos hasta que la manzana se ablande. ¡Déjalo reposar 10 minutos y disfrute!

Nutrición:

Calorías: 242

Grasa: 8g

Carbohidratos: 44g

Proteína: 1g

- ## Bol de Yogur de Ciruela con Pepitas de Coco y

Cacao

Tiempo de Preparación: 15 minutos

Tiempo de Cocción: 0 minutos

Porciones: 1

Ingredientes:

- 200 g de yogur natural 1,8%
- 100 g de ciruelas azules
- 10 g de semillas de cacao
- 10 g de cacahuetes
- 20 g de chips de coco tostados

- Sirope de agave según sea necesario

Direcciones:

1. Lavar las ciruelas, reservar algunas para la cobertura, dividir el resto en dos y quitar los huesos. Coloque las ciruelas deshuesadas con el yogur en un recipiente para mezclar alto y haga un puré fino con la batidora de mano.

2. Dependiendo del dulzor de las ciruelas, endulce la mezcla con sirope de agave y luego colóquela en un bol. Pica los cacahuetes en trozos grandes y decora con las ciruelas restantes, las semillas de cacao y las chispas de coco en el tazón de yogur de ciruela.

Nutrición:

Calorías: 435

Proteína: 27g

Grasa: 10g

Carbohidratos: 16g

- # Muesli con Yogur y Frutas

Tiempo de Preparación: 15 minutos

Tiempo de Cocción: 30 minutos

Porciones: 2

Ingredientes:

- 200 g de yogur griego
- 50 g de fresas
- 1 kiwi mediano
- 25 g de almendras
- 25 g de cacahuetes
- 10 g de nueces frescas
- 10 g de semillas de girasol
- 10 g de harina de coco
- 1 clara de huevo
- 1 cucharadita de xilitol

- ½ cucharadita de vainilla bourbon molida
- 1 pizca de sal marina

Direcciones:

1. Triture las nueces en el molinillo, pero no las muele. Alternativamente, pique las nueces en trozos grandes con un cuchillo adecuado. Ponga las semillas de girasol, las nueces, la harina, el xilitol, la vainilla, la sal y la clara de huevo en un bol y mezcle bien.

2. Espolvoree la mezcla de muesli en una bandeja para hornear forrada con papel de hornear y extienda. Ase el muesli en la rejilla del medio en el horno precalentado a 125°C durante 20-30 minutos.

3. Entre tanto, saque la bandeja dos o tres veces y revuelva el muesli con una cuchara para que se cocine uniformemente hasta que esté dorado. Luego deje que el muesli se enfríe y divídalo en dos vasos o manténgalo hermético hasta que se coma.

4. Pelar el kiwi y cortarlo en trozos. Lavar las fresas, dejarlas escurrir y cortar el tallo, luego cortar en dos. Coloca el yogur sobre el muesli y decora con las frutas.

Nutrición:

Calorías: 390

Proteína: 14g

Grasa: 9g

Carbohidratos: 10g

• Crema de Lima con Melocotón

Tiempo de Preparación: 15 minutos

Tiempo de Cocción: 0 minutos

Porciones: 2

Ingredientes:

- 200 g de quark (magro)
- 300 g de yogur natural 1,8%
- 1 lima fresca
- 120 g de melocotón amarillo fresco
- 1 cucharadita de sirope de agave

Direcciones:

1. Enjuague y seque la lima con agua caliente. Usa el rallador para cortar la ralladura de lima. Luego corta la lima en dos y exprime la mitad.
2. Lavar y escurrir los duraznos. Luego parte los duraznos en dos, quita el corazón y córtalos en trozos.
3. Poner el yogur y el quark en un bol y mezclar. Agregue el jugo de lima y la ralladura y revuelva. Si es necesario, endulce la crema de lima con sirope de agave y viértala en dos vasos. Coloque los trozos de melocotón sobre la crema de lima y sirva.

Nutrición:

Calorías: 201

Proteína: 20g

Grasa: 3g

Carbohidratos: 16g

• Yogur Griego con Chía y Arándanos

Tiempo de Preparación: 15 minutos

Tiempo de Cocción: 0 minutos

Porciones: 1

Ingredientes:

- 150 yogures griegos
- 50 g de arándanos
- 2 cucharadas de semillas de chía
- ½ cucharadita de sirope de agave (opcional)

Direcciones:

1. Vierta el yogur griego y las semillas de chía en un bol y mezcle. Endulza el yogur con un poco de sirope de agave si quieres.
2. Lava los arándanos y déjalos secar en el colador. Coloque el yogur en un vaso o tazón y cubra los arándanos encima.

Nutrición:

Calorías: 297

Proteína: 9g

Grasa: 6g

Carbohidratos: 12g

• Pudin de Chia y Coco con Frambuesas

Tiempo de Preparación: 15 minutos

Tiempo de Cocción: 0 minutos

Porciones: 2

Ingredientes:

- 60 g de semillas de chía
- 500 ml de leche de coco (alternativamente leche de almendras o de soja)
- 150 g de frambuesas (frescas o congeladas)
- 1 kiwi
- 2-3 tallos de menta fresca
- 1 cucharadita de sirope de agave

Direcciones:

1. Lave las frambuesas y haga puré con la batidora de mano aproximadamente 2/3 de ellas. Ponga las semillas de chía en la leche, luego mezcle hasta que no se vean más grumos.
2. Mezclar el puré de frambuesa y el sirope de agave con el pudín de chía y batir bien. Deje remojar el pudín de chía en el refrigerador durante al menos 30 minutos, o mejor durante la noche.
3. Pelar el kiwi y cortarlo en trozos, luego picar la menta y mezclar con el kiwi. Coloca la fruta encima del pudín de chía y decora con hojas de menta.

Nutrición:

Calorías: 396

Proteína: 11g

Grasa: 17g

Carbohidratos: 11g

• Yogur de Ciruela

Tiempo de Preparación: 15 minutos

Tiempo de Cocción: 1 minute

Porciones: 2

Ingredientes:

- ½ limón
- 1 plátano
- 100 g de ciruelas azules
- 20 g de nueces (1 cucharada colmada)
- 1 cucharadita de aceite de sésamo
- 2 cucharaditas de miel líquida
- 300 g de yogur (1,5% de grasa)
- ½ cucharadita de anís molido

Direcciones:

1. Exprime la mitad del limón. Retire el plátano de la cáscara, córtelo en rodajas y humedezca con 1 cucharadita de jugo de limón. Pelar y quitar el corazón de las ciruelas y cortar la pulpa blanda en trozos. Picar las nueces en trozos grandes.

2. En una sartén antiadherente, deje que el aceite de sésamo se caliente lentamente. Freír las ciruelas y el plátano durante aproximadamente 1 minuto a fuego medio, revolviendo. Luego, divídalo en 2 tazones pequeños y déjelo enfriar durante 5 a 10 minutos.

3. Batir la miel, el yogur y el anís. Rocíe sobre la fruta enfriada. Cubra con las nueces picadas y sirva.

Nutrición:

Calorías: 258

Proteína: 8g

Grasa: 10g

Carbohidratos: 32g

- **Tazón de bayas**

Tiempo de Preparación: 5 minutos

Tiempo de Cocción: 10 minutos

Porciones: 4

Ingredientes:

- 600 g de bayas (frambuesas, arándanos, moras)
- 2 plátanos pequeños
- 3 cucharadas de polvo de acai
- 600 g de yogur alternativo elaborado con soja
- 200 ml de bebida de almendras (leche de almendras)
- 2 cucharadas de semillas de sésamo light
- 30 g de cacahuetes
- 2 cucharadas de semillas de girasol
- 2 cucharadas de semillas de calabaza

Direcciones:

1. Enjuague, clasifique y escurra las bayas; Reserva 50 gramos de arándanos y moras. Saca los plátanos de la cáscara, córtalos en pedazos y tritúralos con bayas, acai en polvo, alternativa de yogur y bebida de almendras hasta obtener una masa homogénea. Rellena el batido en 4 tazones.
2. Para cubrir, tostar las semillas de sésamo con maní, girasol y semillas de calabaza en una sartén caliente a temperatura media.

3. Luego dejar reposar por 3 minutos y dejar enfriar. Cubra y sirva tazones con semillas tostadas, nueces y granos, y los arándanos y moras restantes.

Nutrición:

Calorías: 393

Proteína: 17g

Grasa: 21g

Carbohidratos: 30g

• Quinua para el Desayuno

Tiempo de Preparación: 15 minutos

Tiempo de Cocción: 20 minutos

Porciones: 2

Ingredientes:

- 100 g de quinua
- 300 ml de leche o agua
- 2 puñados de fruta (fresas, frambuesas, moras)
- 2 cucharadas de maní
- Miel al gusto

Direcciones:

1. Lavar la quinua en un colador con agua fría hasta que salga transparente. Lleve la leche a ebullición y agregue la quinua. Tape y cocine a fuego lento a baja temperatura durante unos 15 minutos hasta que los granos estén suaves, revolviendo ocasionalmente.
2. Mientras tanto, lave la fruta, quítele el tallo si es necesario y córtelo en trozos pequeños. Retirar la quinua del fuego, remover y dejar reposar por otros 5 minutos.
3. Divida el grano terminado en dos tazones, coloque la fruta y los cacahuetes de forma decorativa en la parte superior y rocíe con miel.

Nutrición:

Calorías: 335

Proteína: 14g

Grasa: 9g

Carbohidratos: 48g

• Buenos Días Quark

Tiempo de Preparación: 15 minutos

Tiempo de Cocción: 0 minutos

Porciones: 1

Ingredientes:

- 150 g de quark (magro)
- 50 g de fresas frescas o congeladas
- 30 g de arándanos
- 40 g de plátano
- 1 cucharadita de hojuelas de coco
- 1 cucharada de bayas de goji
- 1 cucharadita de linaza
- Sirope de agave según sea necesario

Direcciones:

1. Vierta las fresas y el quark en un recipiente de mezcla adecuado y tritúrelos con la batidora de mano hasta obtener una masa homogénea. Endulza el quark de frutas según tu gusto personal con sirope de agave u otro edulcorante.
2. Lave los arándanos y déjelos secar. Retire el plátano de la piel y córtelo en rodajas del tamaño de un bocado.
3. Vierta el quark de fresa en un tazón y coloque los arándanos, las rodajas de plátano, la linaza, las bayas de goji y el coco desecado encima, y sirva.

Nutrición:

Calorías: 235

Proteína: 21g

Grasa: 3g

Carbohidratos: 29g

• Gachas de manzana

Tiempo de Preparación: 15 minutos

Tiempo de Cocción: 10 minutos

Porciones: 1

Ingredientes:

- 60 g de papilla de proteínas
- 1 manzana
- 1 cucharada de semillas de chía
- 1 cucharada de linaza triturada

Direcciones:

1. Deje hervir el agua. Vierta la papilla de proteína en un bol con una cuchara y vierta 120 ml de agua caliente sobre ella. Revuelva bien la papilla y déjela reposar durante 3-5 minutos.
2. Mientras tanto, lave la manzana, córtela en cuatro y quítele el corazón. Pica finamente los trozos de manzana con el rallador, luego agrega la papilla con la chía y las semillas de lino y disfruta tibia.

Nutrición:

Calorías: 360

Proteína: 26g

Grasa: 13g

Carbohidratos: 28g

• Hojuelas con Maní e Higos

Tiempo de Preparación: 15 minutos

Tiempo de Cocción: 0 minutos

Porciones: 1

Ingredientes:

- 1 melocotón
- 50 g de frambuesas
- 1 higo
- 30 g de cacahuetes
- 65 g de copos de soja sin aceite
- 250 g de yogur de soja

Direcciones:

1. Ponga las hojuelas de soja en un bol. Lave el durazno, el higo y las frambuesas y déjelos secar. Corta el durazno por la mitad, luego desecha el corazón de la pulpa y luego córtalo en rodajas. Corta el higo en trozos.
2. Acomodar las rodajas de durazno e higo con las frambuesas sobre las hojuelas de soja. Agregue los cacahuetes; puedes picarlos si quieres. Agrega el yogur de soja y mezcla todo.

Nutrición:

Calorías: 564

Proteína: 52g

Grasa: 20g Carbohidratos: 33g

• Tazón de Arándanos

Tiempo de Preparación: 15 minutos

Tiempo de Cocción: 0 minutos

Porciones: 1

Ingredientes:

- 250 g de yogur griego
- 1 cucharadita de polvo de acai
- 1 cucharadita de cacao, ligeramente desaceitado
- 40 g de arándanos
- 1 cucharadita de semillas de chía
- 5 g de coco desecado
- 1 cucharadita de polen de abeja
- 1 cucharadita de nueces
- 20 g de muesli de coco
- Sirope de agave según sea necesario

Direcciones:

1. Batir el yogur con el acai en polvo y el cacao. Endulza el yogur a tu gusto con un poco de sirope de agave, luego vierte en un bol.
2. Lave los arándanos y déjelos secar, luego sírvalos sobre el yogur. Coloque las semillas de chía, el coco desecado, el polen, las nueces y el muesli de forma decorativa en el tazón y sirva.

Nutrición:

Calorías: 545

Proteína: 17g

Grasa: 43g

Carbohidratos: 19g

• Desayuno de Mango y Maní

Tiempo de Preparación: 15 minutos

Tiempo de Cocción: 10 minutos

Porciones: 1

Ingredientes:

- 20 g de avena integral
- 20 g de cacahuetes picados
- 2 cucharaditas de sirope de agave
- 1 pizca de canela molida
- 30 g de mango
- 200 ml de bebida de soja, orgánica

Direcciones:

1. Ase la avena y el maní en una sartén sin grasa, revuelva varias veces para que nada se queme. Vierta el Sirope de agave y la canela en la sartén y revuelva.
2. Extienda el muesli en un plato grande para que se enfríe. Mientras tanto, divida la pulpa de mango en trozos pequeños. Vierta el muesli con mango y bebida de soja en un bol y sirva.

Nutrición:

Calorías: 323

Proteína: 14g

Grasa: 16g Carbohidratos: 29g

• Capítulo 2. Platos Principales

• Tofu con Coliflor

Tiempo de Preparación: 5 minutos

Tiempo de Cocción: 45 minutos

Porciones: 2

Ingredientes:

- ¼ de taza de pimiento rojo sin semillas
- 1 chile tailandés, cortado en dos mitades, sin semillas
- 2 dientes de ajo
- 1 cucharadita de aceite de oliva
- 1 pizca de comino
- 1 pizca de cilantro
- Jugo de medio limón

- 225 g de tofu

- 225 g de coliflor, picada

- 45 g de cebollas rojas, finamente picadas

- 1 cucharadita de jengibre finamente picado

- 2 cucharaditas de cúrcuma

- 30 g de tomates secos, finamente picados

- 30 g de perejil picado

Direcciones:

1. Precaliente el horno a 400°F. Cortar los pimientos en rodajas y ponerlos en una fuente refractaria con ají y ajo. Echarle un poco de aceite de oliva, añadir las hierbas secas y meter al horno hasta que los pimientos estén blandos, unos 20 minutos.

2. Dejar enfriar, poner los pimientos junto con el jugo de limón en una batidora y batir hasta obtener una masa blanda. Corta el tofu por la mitad y divide las mitades en triángulos.

3. Coloque el tofu en una cazuela pequeña, cubra con la mezcla de pimentón y coloque en el horno durante unos 20 minutos. Pica la coliflor hasta que los trozos sean más pequeños que un grano de arroz.

4. Luego, en una cacerola pequeña, caliente el ajo, la cebolla, el chile y el jengibre con aceite de oliva hasta que se vuelvan transparentes.

5. Agregue la cúrcuma y la coliflor, mezcle bien y vuelva a calentar. Retirar del fuego y agregar el perejil y los tomates; mezclar bien. Sirve con el tofu en la salsa.

Nutrición:

Calorías: 248

Carbohidratos: 27g

Grasa: 8g

Proteína: 24g

• Sartén Agridulce con Anacardos

Tiempo de Preparación: 30 minutos

Tiempo de Cocción: 0 minutos

Porciones: 2

Ingredientes:

- 2 cucharadas de aceite de coco
- 2 cebollas rojas
- 2 pimientos amarillos
- 340 g de repollo blanco
- 170 g de Pak Choi
- 45 g de brotes de frijol mungo
- 4 rodajas de piña de 45 g de nueces de anacardo
- ¼ de taza de vinagre de sidra de manzana
- 4 cucharadas de azúcar de flor de coco
- 1½ cucharada de pasta de tomate
- 1 cucharadita de aminoácidos de coco
- 2 cucharaditas de polvo de arrurruz
- ¼ de taza de agua

Direcciones:

1. Cortar las verduras en trozos grandes. Mezcle el arrurruz con cinco cucharadas de agua fría hasta formar una pasta. Ponga todo el resto de la fijación para la salsa en una cacerola y agregue la pasta de arrurruz para unir.

2. Disuelva el aceite de coco en una sartén y luego sofría la cebolla. Agregue el pimiento, el repollo, el Pak Choi y los brotes de soja y saltee hasta que las verduras se ablanden un poco.

3. Agregue la piña y los anacardos y revuelva unas cuantas veces más. Vierta un poco de salsa sobre el plato wok y sirva.

Nutrición:

Calorías: 65

Carbohidratos: 8g

Grasa: 3 g

Proteína: 1g

• Arroz Frito de Coliflor

Tiempo de Preparación: 55 minutos

Tiempo de Cocción: 10 minutos

Porciones: 2

Ingredientes:

- 1 coliflor mediana
- 2 cucharadas de aceite de coco
- 1 cebolla morada mediana
- 4 dientes de ajo
- ¼ de taza de caldo de verduras
- Jengibre fresco de 2 pulgadas
- 1 cucharadita de hojuelas de chile
- ½ zanahoria

- ½ pimiento rojo
- ½ limón, exprimido
- 2 cucharadas de semillas de calabaza
- 2 cucharadas de cilantro fresco

Direcciones:

1. Corte la coliflor en pequeños granos de arroz con un procesador de alimentos. Picar finamente la cebolla, el ajo y el jengibre, cortar la zanahoria en tiras finas, picar el pimiento morrón y picar finamente las hierbas.
2. Derretir 1 cucharada de aceite de coco en una sartén y agregar la mitad de la cebolla y el ajo a la sartén y freír brevemente hasta que estén transparentes. Agregue el arroz de coliflor y sazone con sal.
3. Vierta el caldo y revuelva todo hasta que se evapore y el arroz de coliflor esté tierno. Saque el arroz de la sartén y déjelo a un lado.
4. Derrita el resto del aceite de coco en la sartén y agregue las cebollas restantes, el ajo, el jengibre, las zanahorias y los pimientos. Freír unos minutos hasta que las verduras estén tiernas. Condimente con un poco de sal. Sirva.

Nutrición:

Calorías: 289

Carbohidratos: 11g

Grasa: 9g

Proteína: 31g

• Alforfón con Cebollas

Tiempo de Preparación: 10 minutos

Tiempo de Cocción: 40 minutos

Porciones: 4

Ingredientes:

- 3 tazas de trigo sarraceno, enjuagado
- 4 cebollas rojas medianas, picadas
- 1 cebolla blanca grande, picada
- 155 ml de aceite de oliva virgen extra
- 3 tazas de agua
- Sal y pimienta al gusto

Direcciones:

1. Sumerja y remoje el trigo sarraceno en agua tibia dentro de los 10 minutos. Luego agregue el trigo sarraceno a su olla. Agregue el agua, la sal y la pimienta a su olla y revuelva bien. Cierre la tapa y cocine durante unos 30-35 minutos hasta que el trigo sarraceno esté listo.
2. Mientras tanto, en una sartén, calentar el aceite de oliva virgen extra y sofreír las cebollas picadas durante 15 minutos hasta que estén claras y caramelizadas.
3. Agregue un poco de sal y pimienta y mezcle bien. Divida el trigo sarraceno en cuatro tazones o tazas. Luego, vierta cada tazón con las cebollas. Recuerde que este plato debe servirse tibio.

Nutrición:

Calorías: 154

Carbohidratos: 33g

Grasa: 1g

Proteína: 6g

- # Dahl con Col Rizada, Cebollas Rojas y Trigo Sarraceno

Tiempo de Preparación: 5 minutos

Tiempo de Cocción: 20 minutos

Porciones: 2

Ingredientes:

- 1 cucharadita de aceite de oliva virgen extra
- 1 cucharadita de semillas de mostaza
- 1½ oz. (45 g) de cebollas rojas, finamente picadas
- 1 diente de ajo, muy finamente picado
- 1 cucharadita de jengibre muy finamente picado
- 1 chile tailandés, muy finamente picado
- 1 cucharadita de curry en polvo
- 2 cucharaditas de cúrcuma
- 10 fl. oz. (300 ml) de caldo de verduras
- 1½ oz. (45 g) de lentejas rojas
- 1 5/8 oz. (40 ml) de col rizada picada
- 1.70 fl. oz. (42 ml) de leche de coco
- 1 5/8 oz. (40 ml) de alforfón

Direcciones:

1. Caliente el aceite en una sartén a temperatura media y agregue las semillas de mostaza. Cuando se rompan, agregue

la cebolla, el ajo, el jengibre y el chile. Calentar hasta que todo esté blando.

2. Agregue el curry en polvo y la cúrcuma, mezcle bien. Agrega el caldo de verduras, lleva a ebullición, luego pone las lentejas y cocínalas de 25 a 30 minutos hasta que estén listas.

3. Luego agregue la col rizada y la leche de coco y cocine a fuego lento durante 5 minutos. El dahl está listo. Mientras se cocinan las lentejas, prepara el trigo sarraceno. Sirva el trigo sarraceno con el dahl.

Nutrición:

Calorías: 151

Carbohidratos: 0g

Grasa: 0g

Proteína: 0g

• Tofu Caramelizado con Miso

Tiempo de Preparación: 55 minutos

Tiempo de Cocción: 15 minutos

Porciones: 2

Ingredientes:

- 1 cucharada de mirin
- 7 g de pasta de miso
- 150 g de Tofu firme
- 45 g de apio, cortado
- 35 g de cebolla roja
- 120 g de calabacín
- 1 chili ojo de pájaro
- 1 diente de ajo, finamente picado
- 1 cucharadita de jengibre fresco, finamente picado
- 40 ml de col rizada picada
- 2 cucharaditas de semillas de sésamo
- 35 g de alforfón
- 1 cucharadita de cúrcuma molida
- 2 cucharaditas de aceite de oliva virgen extra
- 1 cucharadita de tamari (o salsa de soja)

Direcciones:

1. Precaliente su sobre a 400°F. Cubre una bandeja con papel pergamino. Combina el mirin y el miso. Cortar el tofu en dados y dejar marinar en la mezcla de mirin-miso.

2. Picar las verduras (excepto la col rizada) en ángulo diagonal para producir rodajas largas. Con una vaporera, cocine la col rizada durante 5 minutos y reserve.

3. Esparcir el tofu por la bandeja forrada y decorar con semillas de sésamo. Ase durante 20 minutos o hasta que esté caramelizado. Enjuague el trigo sarraceno con agua corriente y un colador.

4. Agregue a una olla de agua hirviendo junto con la cúrcuma y cocine el trigo sarraceno de acuerdo con las instrucciones del paquete. Calentar el aceite en una sartén a fuego alto.

5. Agregue las verduras, las hierbas y las especias, luego fría durante 2-3 minutos. Ajustar a fuego medio y freír durante 5 minutos más o hasta que esté cocido pero aún crujiente.

Nutrición:

Calorías: 34

Carbohidratos: 3g

Grasa: 1g

Proteína: 1g

CPSIA information can be obtained
at www.ICGtesting.com
Printed in the USA
LVHW050549260621
691140LV00012B/1729